Nosso Alimento

Dados Internacionais de Catalogação na Publicação (CIP)
(Câmara Brasileira do Livro, SP, Brasil)

Francisco, Papa
    Nosso alimento : meditações eucarísticas para adorar, rezar e refletir / Papa Francisco ; organização de John T. Kyler ; prefácio do Cardeal Blase J. Cupich ; tradução de Maria Elizabeth Hallak Neilson. – Petrópolis, RJ : Vozes, 2024.

    Título original: Pope Francis on Eucharisti

    1ª reimpressão, 2025.

    ISBN 978-85-326-6832-5

    1. Devoções diárias – Cristianismo 2. Meditações
I. Kyler, John T. II. Cupich, Cardeal Blase J. III. Título.

24-208486   CDD-242.2

Índices para catálogo sistemático:

1. Meditações diárias : Cristianismo   242.2
Cibele Maria Dias – Bibliotecária – CRB-8/9427

Papa Francisco

Nosso Alimento
Meditações eucarísticas para
adorar, rezar e refletir

Organização de John T. Kyler
Prefácio do Cardeal Blase J. Cupich
Tradução de Maria Elizabeth Hallak Neilson

Petrópolis

© Dicastero per le Comunicazione – Libreria Editrice Vaticano
© 2023 by Order of Saint Beneditc, Collegeville, Minnesota

Tradução do original em inglês intitulado *Pope Francis on Eucharist – 100 Daily Meditations for Adoration, Prayer, and Reflection*

Direitos de publicação em língua portuguesa – Brasil:
2024, Editora Vozes Ltda.
Rua Frei Luís, 100
25689-900 Petrópolis, RJ
www.vozes.com.br
Brasil

Todos os direitos reservados. Nenhuma parte desta obra poderá ser reproduzida ou transmitida por qualquer forma e/ou quaisquer meios (eletrônico ou mecânico, incluindo fotocópia e gravação) ou arquivada em qualquer sistema ou banco de dados sem permissão escrita da editora.

CONSELHO EDITORIAL

Diretor
Volney J. Berkenbrock

Editores
Aline dos Santos Carneiro
Edrian Josué Pasini
Marilac Loraine Oleniki
Welder Lancieri Marchini

Conselheiros
Elói Dionísio Piva
Francisco Morás
Teobaldo Heidemann
Thiago Alexandre Hayakawa

Secretário executivo
Leonardo A.R.T. dos Santos

PRODUÇÃO EDITORIAL

Aline L.R. de Barros
Anna Catharina Miranda
Eric Parrot
Jailson Scota
Marcelo Telles
Mirela de Oliveira
Natália França
Priscilla A.F. Alves
Rafael de Oliveira
Samuel Rezende
Verônica M. Guedes

Diagramação: Editora Vozes
Revisão gráfica: Alessandra Karl
Capa: Lara Gomes

ISBN 978-85-326-6832-5 (Brasil)
ISBN 978-08-146-6887-0 (Estados Unidos)

Este livro foi composto e impresso pela Editora Vozes Ltda.

Sumário

Prefácio 7

MEDITAÇÕES

Meditação 1 11	Meditação 22 32
Meditação 2 12	Meditação 23 33
Meditação 3 13	Meditação 24 34
Meditação 4 14	Meditação 25 35
Meditação 5 15	Meditação 26 36
Meditação 6 16	Meditação 27 37
Meditação 7 17	Meditação 28 38
Meditação 8 18	Meditação 29 39
Meditação 9 19	Meditação 30 40
Meditação 10 20	Meditação 31 41
Meditação 11 21	Meditação 32 42
Meditação 12 22	Meditação 33 43
Meditação 13 23	Meditação 34 44
Meditação 14 24	Meditação 35 45
Meditação 15 25	Meditação 36 46
Meditação 16 26	Meditação 37 47
Meditação 17 27	Meditação 38 48
Meditação 18 28	Meditação 39 49
Meditação 19 29	Meditação 40 50
Meditação 20 30	Meditação 41 51
Meditação 21 31	Meditação 42 52

Meditação 43 53
Meditação 44 54
Meditação 45 55
Meditação 46 56
Meditação 47 57
Meditação 48 58
Meditação 49 59
Meditação 50 60
Meditação 51 61
Meditação 52 62
Meditação 53 63
Meditação 54 64
Meditação 55 65
Meditação 56 66
Meditação 57 67
Meditação 58 68
Meditação 59 69
Meditação 60 70
Meditação 61 71
Meditação 62 72
Meditação 63 73
Meditação 64 74
Meditação 65 75
Meditação 66 76
Meditação 67 77
Meditação 68 78
Meditação 69 79
Meditação 70 80
Meditação 71 81

Meditação 72 82
Meditação 73 83
Meditação 74 84
Meditação 75 85
Meditação 76 86
Meditação 77 87
Meditação 78 88
Meditação 79 89
Meditação 80 90
Meditação 81 91
Meditação 82 92
Meditação 83 93
Meditação 84 94
Meditação 85 95
Meditação 86 96
Meditação 87 97
Meditação 88 98
Meditação 89 99
Meditação 90 100
Meditação 91 101
Meditação 92 102
Meditação 93 103
Meditação 94 104
Meditação 95 105
Meditação 96 106
Meditação 97 107
Meditação 98 108
Meditação 99 109
Meditação 100 110

Prefácio

No decorrer deste nosso tempo, em que a Igreja universal avança no processo sinodal, esta coletânea de meditações do Papa Francisco sobre a Eucaristia chega às nossas mãos como uma verdadeira bênção.

Igreja sinodal, conforme expressam as duas palavras gregas *syn* (com) e *hodos* (estrada), é uma assembleia de fiéis que percorre o caminho junto com o seu Senhor. Quando nos reunimos para celebrar a Eucaristia estamos, com certeza e mais do que nunca, com o Senhor, em meio à jornada. Nas palavras de Francisco, *Na Eucaristia o Senhor faz-nos trilhar o seu caminho* (Meditação 10).

Ao pormenorizar nossa vivência da Eucaristia, o papa a descreve como uma experiência profundamente pessoal. Recebemos o Senhor dentro de nós, e o encontramos. Entretanto, a despeito de ser intrinsecamente pessoal, não se trata, jamais, de uma experiência apenas particular. Não pertence somente a nós. *A Eucaristia não é um sacramento "para mim"; e sim o sacramento de muitos; os muitos que formam um só corpo, o povo santo e fiel de Deus* (Meditação 11).

A experiência da presença do Senhor na Eucaristia, definida pelo Papa Francisco como intensa, pessoal e partilhada, não é estática ou fixa, mas uma presença real, sacramental. E também dinâmica: movemo-nos com Jesus e Jesus se põe em movimento conosco. "Na Eucaristia Jesus [...] aproxima-se de nós, peregrinos na história, para alimentar em nós a fé, a esperança e a caridade; para nos confortar nas provações e nos sustentar no comprometimento com a justiça e a paz" (Meditação 65).

Essa presença pessoal, partilhada e dinâmica do Senhor ecoa em *Lauda Sion*, sequência da Solenidade de *Corpus Christi* e um dos mais belos hinos eucarísticos da nossa tradição. Nesse cântico, ouvimos versos memoráveis:

> *Ecce, panis angelorum,*
> *Factus cibus viatorum:*
> *Vere panis filiorum...*

> Eis o pão que os anjos comem
> Transformado em pão do homem
> [ou dos viajantes];
> Só os filhos o consomem...

A cada e toda vez que encontramos o Senhor na sua Eucaristia exultamos, pois sabemos que Ele está conosco, com aqueles que, no Filho, se tornaram filhos e filhas de Deus. O Senhor caminha ao nosso lado, empreende conosco a jornada rumo ao banquete celestial.

Que ao se debruçar sobre as páginas deste livro de meditações eucarísticas você descubra a benesse que Papa Francisco almeja oferecer-lhe, um modelo para a oração e o encontro com a Eucaristia. Lendo essas considerações nos damos conta de que o papa se pauta pelo axioma de Santo Tomás de Aquino: *contemplata aliis tradere* – "contemplar e dar aos outros o fruto da contemplação". A exemplo de Francisco contemple, profundamente, o mistério de nosso Senhor eucarístico na sua morte e ressurreição, na sua presença fiel no meio de nós e nas formas e meios como Ele nos acompanha na jornada. E, a partir de sua contemplação, partilhe o significado da Eucaristia de maneira tal, sobretudo com as gerações mais jovens, que mais e mais pessoas acolham essa tão grande dádiva.

Acalento também a esperança de que a reflexão sobre as palavras do papa converta-se num guia para a unidade e a conexão que constituímos uns com os outros na Eucaristia. Vivemos numa era de fragmentações e são tantos aqueles que se sentem à parte, desconectados. Papa Francisco continua a lembrar-nos que somos – na expressão de São Francisco de Assis – *fratelli tutti – irmãos e irmãs uns dos outros.* A Eucaristia é o centro sólido, poderoso, que nos conserva unidos. São Paulo escreveu aos Coríntios: "O cálice da bênção que nós abençoamos não é comunhão com o sangue de Cristo? O pão que partimos não é comunhão com o corpo de Cristo? E como há um único pão, nós, embora muitos, somos um só corpo, pois participamos todos desse único pão" (1Cor 10,16-17).

Que a Eucaristia conduza você à conscientização da unidade e do vínculo que nos ata uns aos outros, do elo forjado com os homens e mulheres de fé que nos precederam e, num dia que há de vir, com todos os santos no céu.

Por fim, desejo que ponderar as meditações do Papa Francisco instigue você a reivindicar sua responsabilidade Eucarística. O que estou querendo dizer com isso? A Eucaristia – como ação, presença, sinal e fonte de unidade, penhor do nosso futuro – jamais se resume à mera questão de nosso próprio aperfeiçoamento. A Eucaristia nos impele para a missão, ou seja, nos impulsiona a assumir a responsabilidade de levar o Senhor ao mundo. Depois de os dois discípulos, no caminho para Emaús, haverem encontrado o Senhor, que compartilhou com eles a Palavra de Deus e, em seguida, o Pão eucarístico, São Lucas complementa: "Na mesma hora, eles se levantaram e voltaram para Jerusalém, onde encontraram os Onze, reunidos com os outros [...] Então os dois contaram o que acontecera no caminho, e como tinham reconhecido Jesus quando Ele partiu o pão" (Lc 24,33-35). A vivência da experiência Eucarística incitou aqueles dois discípulos a reivindicarem sua responsabilidade de sair em missão para partilhar o Senhor com os outros. Possam suas reflexões e orações, centradas na Eucaristia, guiarem você pelo mesmo caminho.

Cardeal Blase J. Cupich
Festa de São Francisco
4 de outubro de 2022

Meditação 1

A Eucaristia nos transmite o amor do Senhor por nós: um amor tão incomensurável que Ele se torna o nosso próprio alimento; um amor que nos é oferecido gratuitamente, sempre ao alcance de cada um daqueles que têm fome e necessitam restaurar suas forças. Viver a experiência de fé significa permitir-se ser alimentado pelo Senhor e edificar a própria existência não sobre bens materiais, e sim alicerçada numa realidade que não perece jamais: os dons de Deus, sua Palavra e seu Corpo.

Homilia
19 de junho de 2014

Meditação 2

Escutar Cristo verdadeiramente acarreta assumir *a lógica de seu Mistério Pascal,* empreendendo com Ele a jornada de fazer de si mesmo uma dádiva de amor aos outros, em dócil obediência à vontade de Deus, com uma atitude de liberdade interior e desapego das coisas mundanas.

Angelus
1 de março de 2015

Meditação 3

Na Eucaristia encontramos, efetivamente, o Jesus vivo, encontramos sua força. E, através dele, entramos em comunhão com os nossos irmãos e irmãs na fé: os que aqui na terra vivem conosco e aqueles que nos precederam na outra vida, a vida sem fim. Tal realidade enche-nos de alegria: como é belo ter tantos irmãos e irmãs na fé caminhando ao nosso lado, amparando-nos com a sua assistência, percorrendo conosco a mesma estrada rumo ao céu. E como é reconfortante a certeza de que os nossos outros irmãos e irmãs, que já chegaram ao céu, lá nos esperam, rezando por nós, para que, juntos, possamos contemplar a face gloriosa e misericordiosa do Pai na eternidade.

Angelus
1 de novembro de 2014

Meditação 4

Todos nós vamos à missa porque amamos Jesus e queremos partilhar, através da Eucaristia, sua paixão e ressurreição. Mas será que somos capazes de amar, da maneira desejada por Jesus, os nossos irmãos e irmãs mais necessitados? Nestes últimos dias em Roma, por exemplo, temos testemunhado os muitos transtornos sociais provocados pelas chuvas – que tantos estragos causaram em bairros inteiros – e pela falta de trabalho, consequência da crise econômica mundial. Pergunto-me, e cada um de nós deveria se perguntar: Como alguém como eu, que participo da missa, lido com tal situação? Empenho-me em ajudar, procuro me aproximar e rezar por aqueles que enfrentam dificuldades? Ou sou algo indiferente?

Audiência geral
12 de fevereiro de 2014

Meditação 5

Se olharmos à nossa volta, perceberemos como são *múltiplas as ofertas de alimentos* que, embora não provenham do Senhor, nos parecem mais gratificantes. Alguns de nós nos alimentamos de dinheiro; outros, de sucesso e vaidade; outros, de poder e orgulho. Porém o único alimento que verdadeiramente nos nutre e sacia é aquele que o Senhor nos dá!

Homilia
19 de junho de 2014

Meditação 6

O pão de Deus é o próprio Jesus. Ao recebê-lo na Comunhão, recebemos sua vida em nós e nos tornamos filhos e filhas do Pai Celestial e irmãos uns dos outros. Ao recebermos a comunhão encontramos Jesus verdadeiramente vivo e ressuscitado!

Angelus
26 de julho de 2015

Meditação 7

Adoração: esta é a atitude que precisamos ter diante da Eucaristia.

Homilia
6 de junho de 2021

Meditação 8

Além da fome física, nós, criaturas humanas, sentimos outra fome, uma fome que não pode ser saciada com alimentos comuns.

É uma fome de vida, uma fome de amor, uma fome de eternidade.

Homilia
19 de junho de 2014

Meditação 9

Alimentar-nos de Jesus eucarístico significa, também, nos abandonarmos, confiantes, a Ele e nos deixarmos guiar por Ele. Significa acolher Jesus no lugar do próprio "eu". Assim, o amor recebido de Jesus gratuitamente na Comunhão Eucarística, por obra do Espírito Santo, alimenta o nosso amor por Deus e pelos irmãos e irmãs que encontramos ao longo da jornada cotidiana. Alimentados pelo Corpo de Cristo, nós nos tornamos, cada vez mais concretamente, o Corpo místico de Cristo.

Angelus
18 de junho de 2017

Meditação 10

Na Eucaristia o Senhor faz-nos trilhar o seu caminho, o caminho do serviço, da partilha, da doação. E, se partilhado, aquele pouco que temos, aquele pouco que somos, converte-se em riqueza porque o poder de Deus – que é o poder do amor – derrama-se sobre a nossa pobreza para transformá-la.

Homilia
30 de maio de 2013

Meditação 11

A Eucaristia também nos lembra que não somos indivíduos isolados, mas *um só corpo*. Assim como as pessoas no deserto recolheram o maná caído do céu e o partilharam com suas famílias, Jesus, o Pão descido do Céu, nos chama, nos congrega, para juntos o recebermos e o partilharmos uns com os outros. A Eucaristia não é um sacramento "para mim"; e sim o sacramento de muitos; os muitos que formam um só corpo, o povo santo e fiel de Deus.

Homilia
18 de junho de 2017

Meditação 12

Participar da Eucaristia significa penetrar na lógica de Jesus, a lógica de dar gratuitamente, de partilhar. E, a despeito de pobres como somos, todos nós temos algo a ofertar. "Receber a Comunhão" é extrair de Cristo a graça que nos torna capazes de partilhar com os outros tudo o que somos e tudo o que temos.

Angelus
26 de julho de 2015

Meditação 13

A Eucaristia, juntamente com o Batismo e a Confirmação, está no centro da "iniciação Cristã" e constitui a fonte da própria vida da Igreja. De fato, deste sacramento de amor brota todo o autêntico caminho de fé, de comunhão e de testemunho.

Audiência geral
5 de fevereiro de 2014

Meditação 14

Há sempre uma Palavra de Deus que nos guia depois de tropeçarmos e, em meio ao nosso cansaço e decepções, há sempre um Pão partido que nos leva a continuar a jornada.

Regina Cœli
4 de maio de 2014

Meditação 15

O mundo ainda não sabe, mas todos estão convidados para a Ceia das Bodas do Cordeiro. Para ser admitido na festa, basta o traje nupcial da fé, que vem da escuta da sua Palavra.

Carta Apostólica *Desiderio Desideravi*, 5

Meditação 16

O *pão* pelo qual Jesus nos ensina a pedir é o necessário, não o supérfluo.

É o pão dos peregrinos, o íntegro, um pão que não se acumula nem se desperdiça, e que não nos pesa durante a caminhada.

Angelus
24 de julho de 2016

Meditação 17

Por meio da Eucaristia, o Senhor também cura nossa *memória negativa,* aquela negatividade que se infiltra, tão amiúde, em nossos corações. O Senhor cura essa memória negativa que arrasta para a superfície as coisas que deram errado, deixando-nos à mercê da triste convicção de que somos inúteis, de que só cometemos erros, de que nós mesmos somos um erro. Jesus vem nos dizer que não é assim. Ele quer estar perto de nós. Toda vez que o recebemos, Ele nos lembra de que somos preciosos, de que somos os convidados para o seu banquete, amigos com quem Ele deseja partilhar a refeição. E não apenas por ser generoso, mas porque está, verdadeiramente, apaixonado por nós. Jesus vê e ama a beleza e a bondade que há em nós.

Homilia
14 de junho de 2020

Meditação 18

É possível, para cada um de nós, encontrar o Filho de Deus, experimentar todo o seu amor e a sua infinita misericórdia. Podemos encontrá-lo verdadeiramente presente nos sacramentos, em particular na Eucaristia. Podemos reconhecê-lo no rosto de nossos irmãos e irmãs, em especial dos pobres, dos doentes, dos presos, dos desabrigados: estes são a carne viva do Cristo sofredor e a imagem visível do Deus invisível.

Angelus
11 de janeiro de 2015

Meditação 19

A Última Ceia é o ápice de toda a vida de Cristo. Não se trata apenas da antecipação de seu sacrifício, que será consumado na cruz, mas é também a síntese de uma vida oferecida pela salvação de toda a humanidade. Portanto, não basta afirmar que Jesus está presente na Eucaristia, é preciso ver na Eucaristia a presença de uma vida doada e desta vida participar. Quando tomamos e comemos aquele Pão, nós nos vinculamos à vida de Jesus, entramos em comunhão com Ele, comprometemo-nos a estabelecer a comunhão com nossos semelhantes, a transformar nossa vida numa dádiva, especialmente para os mais pobres.

Angelus
7 de junho de 2015

Meditação 20

Nós nos tornarmos tabernáculos do Senhor, carregamos o Senhor conosco; a tal ponto de Ele mesmo nos dizer: se nós não comermos o seu Corpo e não bebermos o seu Sangue, não entraremos no Reino dos Céus.

Homilia
9 de abril de 2020

Meditação 21

Alimentar-nos daquele "Pão da Vida" significa entrar em harmonia com o coração de Cristo, assimilar suas escolhas, pensamentos, comportamento. Significa entrar num dinamismo de amor e nos tornarmos pessoas de paz, pessoas de perdão, de reconciliação, de partilha solidária, fazendo, exatamente, tudo aquilo que Jesus fez.

Angelus
16 de agosto de 2015

Meditação 22

No ápice da sua vida, Jesus não distribui pão em abundância para alimentar as multidões, mas despedaça-se a si mesmo na Ceia Pascal, com seus discípulos. Assim Jesus mostra-nos que o propósito da vida é doar-se, que a aspiração mais elevada é servir.

Angelus
6 de junho de 2021

Meditação 23

É a Igreja que faz a Eucaristia, porém o mais fundamental é que *a Eucaristia faz a Igreja,* e lhe permite *ser a sua missão* antes mesmo de realizá-la. Este é o mistério da comunhão, da Eucaristia: receber Jesus para que Ele possa nos transformar por dentro, e receber Jesus para que Ele crie em nós unidade, não divisão.

Angelus
14 de junho de 2020

Meditação 24

Rezemos para que a participação na Eucaristia seja sempre um incentivo: seguir o Senhor dia a dia, ser instrumento de comunhão e partilhar o que somos com Ele e com o próximo. Então nossa vida verdadeiramente dará frutos.

Homilia
30 de maio de 2013

Meditação 25

Nesta nossa cidade, que tem fome de amor e solicitude, que sofre as mazelas da degradação e da negligência, que abarca tantos idosos vivendo sozinhos, tantas famílias em dificuldade e jovens lutando para ganhar o pão e realizar seus sonhos, o Senhor nos diz, a cada um de nós: "Dê-lhes, você mesmo, algo para comer".

É possível que sua resposta seja: "Mas eu tenho tão pouco; não posso arcar com essas coisas". Isto não é verdade; o seu "pouco" possui um valor imenso aos olhos de Jesus, desde que você não o guarde para si, desde que o arrisque. Aventure-se. Você não está sozinho, porque você tem a Eucaristia, o pão para a jornada, o pão de Jesus.

Homilia
23 de junho de 2019

Meditação 26

Em meio à nossa vida fragmentada, o Senhor vem ao nosso encontro revestido de uma "fragilidade" amorosa, a Eucaristia. No Pão da Vida, o Senhor vem até nós transmudado numa refeição humilde que, ternamente, cura a nossa memória, ferida pelo ritmo frenético da vida. A Eucaristia é o *memorial do amor de Deus*.

Angelus
18 de junho de 2017

Meditação 27

Pelo menos uma vez ao dia comemos juntos; talvez à noite em família, depois de um dia de trabalho ou de estudo. Antes de partir o pão, seria um belo gesto convidar Jesus, o Pão da Vida, a sentar-se à mesa, pedir-lhe, simplesmente, para abençoar o que fizemos e aquilo que não conseguimos fazer. Convidemo-lo a entrar em nosso lar, rezemos de uma maneira "doméstica". Jesus estará à mesa conosco e seremos alimentados de um amor maior.

Angelus
8 de agosto de 2021

Meditação 28

Jesus foi destroçado; Ele está despedaçado por nós. E nos pede que também nos entreguemos; que, por assim dizer, nos despedacemos a nós mesmos pelos outros.

Este "partir o pão" tornou-se o ícone, o sinal para que reconheçamos Cristo e os cristãos.

Homilia
26 de maio de 2016

Meditação 29

Nunca devemos nos esquecer de que a Última Ceia de Jesus aconteceu "na noite em que Ele foi entregue" (1Cor 11,23). No pão e no vinho que oferecemos, e em torno dos quais nos reunimos, renova-se, a cada vez, a entrega do Corpo e do Sangue de Cristo para a remissão dos nossos pecados. Devemos ir à missa com humildade, como pecadores que somos, e o Senhor nos reconcilia.

Audiência geral
12 de fevereiro de 2014

Meditação 30

Deus sabe como é difícil, sabe quão fraca é a nossa memória e, assim, fez algo notável: deixou-nos um *memorial*. Ele não nos deixou apenas palavras, pois é fácil esquecer o que ouvimos. Ele não nos deixou apenas as Escrituras, pois é fácil esquecer o que lemos. Ele não nos deixou apenas sinais, pois podemos esquecer até mesmo o que vemos. Ele nos deu o Alimento, porque não é fácil esquecer alguma coisa que tenhamos, de fato, experimentado. Ele nos deixou o Pão, no qual está verdadeiramente presente, vivo e real, com todo o sabor do seu amor. Ao recebê-lo podemos afirmar: "Ele é o Senhor; Ele se lembra de mim!" É por esta razão que Jesus nos disse: "Fazei isso em memória de mim" (1Cor 11,24).

Homilia
14 de junho de 2020

Meditação 31

A Eucaristia dá-nos uma memória *agradecida*, porque nos faz perceber que somos filhos do Pai, a quem Ele ama e alimenta. Dá-nos uma memória *livre*, porque o amor e o perdão de Jesus curam as feridas do passado, suavizam a recordação das ofensas sofridas e infligidas. Dá-nos uma memória *paciente,* porque em meio a todas as nossas adversidades, sabemos que o Espírito de Jesus permanece em nós.

Homilia
18 de junho de 2017

Meditação 32

Jesus, o Pão da vida eterna, desceu do Céu e se fez carne graças à fé de Maria Santíssima. Depois de tê-lo carregado em seu ventre com um amor inefável, ela o seguiu fielmente até à cruz e à ressurreição. Peçamos a Nossa Senhora que nos ajude a redescobrir a beleza da Eucaristia, a torná-la o centro da nossa vida, em especial na missa dominical e na adoração.

Angelus
22 de junho de 2014

Meditação 33

O Pão da Vida cura, verdadeiramente, nossa rigidez, transformando-a em docilidade. A Eucaristia cura porque nos une a Jesus: faz-nos assimilar o seu modo de viver, sua capacidade de repartir-se e doar-se aos irmãos, de responder ao mal com o bem. O Pão da Vida nos dá a coragem de sair de nós mesmos e de nos debruçarmos, com amor, sobre fragilidade dos outros. Assim como Deus faz conosco.

Homilia
6 de junho de 2021

Meditação 34

O alimento que o Senhor nos oferta é diferente dos outros alimentos e talvez não nos pareça tão saboroso quanto certas iguarias oferecidas pelo mundo. Sonhamos então com outras delícias, tal como os hebreus no deserto, que sentiam falta da carne e das cebolas consumidas no Egito, porém esqueciam-se de que aquelas refeições eram feitas à mesa da escravidão.

Homilia
19 de junho de 2014

Meditação 35

Partilhar a Palavra e juntos celebrar a Eucaristia promove a fraternidade e faz de nós uma comunidade santa e missionária, suscitando, assim, experiências místicas autênticas e compartilhadas.

Exortação Apostólica *Gaudete et Exsultate*, 142

Meditação 36

Não devemos nos permitir trivializar a Eucaristia, buscar a Comunhão pela força do hábito: não! Cada vez que nos aproximamos do altar para receber a Eucaristia, devemos renovar, verdadeiramente, o nosso "amém" ao Corpo de Cristo. Quando o sacerdote diz "o Corpo de Cristo", respondemos "amém": mas que seja um "amém" vindo do coração, de um coração comprometido. É Jesus; é Jesus quem me salvou; é Jesus quem vem me dar forças para viver. É Jesus, o Jesus vivo. Mas não devemos habituar-nos: cada e toda vez devem ser sempre como se fosse a primeira Comunhão.

Angelus
23 de junho de 2019

Meditação 37

Tudo o que temos no mundo é incapaz de satisfazer a nossa fome infinita. Precisamos de Jesus, precisamos estar com Ele, ser alimentados à sua mesa, nutridos por suas palavras de vida eterna! Crer em Jesus é transformá-lo no centro da nossa vida, no sentido da nossa existência. Cristo não é um elemento opcional, e sim o "Pão vivo", o alimento essencial. Vincular-se a Ele, numa verdadeira relação de fé e amor, não significa permanecer acorrentado, mas ser profundamente livre e estar sempre caminhando.

Angelus
23 de agosto de 2015

Meditação 38

Nunca somos suficientemente gratos ao Senhor pela dádiva a nós concedida através da Eucaristia! A grandiosidade deste dom é a razão pela qual é tão importante ir à missa aos domingos. Ir à missa não apenas para rezar, mas para receber a Comunhão, o Pão que é o Corpo de Jesus Cristo que nos salva, nos perdoa e nos une ao Pai. É bom fazer isso! Vamos à missa todos os domingos porque é o dia da ressurreição do Senhor; este é o porquê da tamanha importância do domingo para nós. E na Eucaristia sentimos esta pertença à Igreja, ao Povo de Deus, ao Corpo de Deus, a Jesus Cristo. Jamais compreenderemos todo o valor e toda a riqueza da Eucaristia. Peçamos ao Senhor que esse sacramento possa continuar a manter viva sua presença na Igreja e a moldar as nossas comunidades na caridade e na comunhão, segundo o coração do Pai.

Audiência geral
5 de fevereiro de 2014

Meditação 39

Deus se faz pequenino, do tamanho de um pedacinho de pão. É exatamente por isso que precisamos de um grande coração para ser capazes de reconhecê-lo, adorá-lo e recebê-lo. A presença de Deus é tão humilde, escondida e tantas vezes invisível que, para percebê-la, carecemos de um coração disponível, alerta e acolhedor. Entretanto, se o nosso coração, ao invés de uma sala ampla, for mais como um armário onde guardamos, melancólicos, coisas do passado, ou talvez semelhante a um sótão, onde há tempos abandonamos nossos sonhos e entusiasmo, ou então a um cômodo sombrio, cheio apenas de nós mesmos, de nossos problemas e decepções, será impossível reconhecer a presença silenciosa e despretensiosa de Deus.

Homilia
6 de junho de 2021

Meditação 40

É por isso que nos faz tão bem o memorial eucarístico: não é uma memória abstrata, fria e superficial, e sim a memória viva e consoladora do amor de Deus. Uma memória que é ao mesmo tempo lembrança e mimese. A Eucaristia tem o sabor das palavras e dos atos de Jesus, o gosto da sua paixão, a fragrância do seu Espírito. Ao recebê-la, nosso coração é tomado pela certeza do amor de Jesus.

Homilia
18 de junho de 2017

Meditação 41

Na Eucaristia, a fragilidade é a força: a força do amor que se faz pequenino para ser acolhido, não temido; a força do amor que é partido e partilhado para nutrir e dar vida; a força do amor que se divide para congregar a todos nós em unidade.

Angelus
6 de junho de 2021

Meditação 42

Jesus toma o pão em suas mãos e diz: "Tomai, isto é o meu corpo" (Mc 14,22). Com este gesto e estas palavras, Ele atribui ao pão uma função que já não é simplesmente a de nutrição física, mas a de tornar sua Pessoa, presente no meio dos fiéis.

Angelus
7 de junho de 2015

Meditação 43

É notável quão estreito é o vínculo entre o pão eucarístico, alimento para a vida eterna, e o pão de cada dia, imprescindível para a vida terrena. Antes de se oferecer ao Pai como o Pão da salvação, Jesus assegura o alimento para aqueles que o seguem e que, para estar com Ele, haviam se esquecido de levar provisões.

Angelus
2 de agosto de 2020

Meditação 44

A Eucaristia é o sacramento da comunhão que nos arranca do individualismo para que possamos segui-lo juntos, vivendo nele a nossa fé. Portanto, diante do Senhor, todos nós devemos nos perguntar: como vivencio a Eucaristia? Eu a vivencio anonimamente, ou como um momento de verdadeira comunhão com o Senhor, e também com todos os irmãos e irmãs que partilham este mesmo banquete? Como são as nossas celebrações eucarísticas?

Homilia
30 de maio de 2013

Meditação 45

Jesus prepara *um lugar* para nós *aqui na terra*, porque a Eucaristia é o coração pulsante da Igreja. A Eucaristia confere à Igreja nascimento e renascimento; congrega-a e concede-lhe força. Porém a Eucaristia também prepara para nós *um lugar no alto*, na eternidade, pois é o *Pão do céu*. Este Pão desce do céu – e é a única matéria na terra que possui o sabor de eternidade. É o Pão das coisas que estão por vir e que, mesmo agora, dá-nos a antecipação de um futuro infinitamente superior a tudo aquilo que podemos esperar, ou imaginar. É o Pão que sacia as nossas maiores expectativas e alimenta os sonhos que nos são mais caros. É, numa palavra, o *penhor* da vida eterna – não apenas uma promessa, mas um penhor, uma antecipação concreta do que nos espera.

Homilia
3 de junho de 2018

Meditação 46

A Eucaristia é o ápice da ação salvífica de Deus: o Senhor Jesus, fazendo-se pão partido para nós, derrama sobre nós toda a sua misericórdia e todo o seu amor para renovar nosso coração, nossa vida e nossa maneira de nos relacionarmos com Ele e com os nossos irmãos. É por esta razão que, ao nos aproximarmos deste sacramento, costumamos dizer que "recebemos a comunhão", "tomamos a comunhão": isto significa que, pelo poder do Espírito Santo, a participação na Sagrada Comunhão nos amolda a Cristo de um modo singular e profundo, permitindo-nos fruir, desde agora, da plena comunhão com o Pai que caracteriza o banquete celestial quando, junto com todos os santos, teremos a alegria de contemplar Deus face a face.

Audiência geral
5 de fevereiro de 2014

Meditação 47

A Eucaristia é a síntese da vida de Jesus, toda a sua existência havendo sido um único ato de amor ao Pai e aos irmãos. Assim como no milagre da multiplicação dos pães, Jesus tomou o pão em suas mãos, elevou ao Pai a prece de bênção, partiu-o e deu-o aos discípulos; e fez o mesmo com o cálice de vinho. Porém, naquele momento, na véspera de sua paixão, com aquele gesto, Ele quis deixar o testamento da nova e eterna Aliança, memorial perpétuo do Mistério Pascal da sua morte e ressurreição.

Angelus
23 de junho de 2019

Meditação 48

Para celebrar a Eucaristia precisamos, antes de mais nada, reconhecer a nossa sede de Deus, sentir necessidade dele, ansiar pela sua presença e por seu amor, estar cientes de que sozinhos não conseguimos seguir adiante, e carecemos do Alimento e da Bebida de vida eterna que nos sustentam na jornada. Podemos dizer que a tragédia do tempo presente é que essa sede tem sido cada vez menos sentida. Já não são feitas perguntas sobre Deus, o desejo por Deus desvaneceu, aqueles que o buscam vêm se tornando sempre mais raros. Deus não mais nos atrai porque já não nos damos conta de quão sedentos estamos por Ele.

Homilia
6 de junho de 2021

Meditação 49

A celebração eucarística é muito mais do que um simples banquete: é, precisamente, o memorial do sacrifício pascal de Jesus, o mistério central da Salvação. "Memorial" não significa apenas uma recordação, uma mera lembrança; significa que toda vez que nós celebramos este sacramento, participamos do mistério da paixão, morte e ressurreição de Cristo.

Audiência geral
5 de fevereiro de 2014

Meditação 50

Jesus, então, prepara algo para nós e pede-nos que estejamos preparados. O que Jesus prepara para nós? *Um lugar e uma refeição.* Um espaço muito mais digno do que "a grande sala mobiliada" do Evangelho. É a nossa casa, vasta e ampla aqui na terra, a Igreja, onde há, e deve haver, lugar para todos. Mas Jesus também nos reservou um lugar no alto, no céu, para que possamos estar com Ele, e uns com os outros, para sempre. Além de um lugar, Jesus prepara uma refeição, o pão com que se entrega: "Tomai, isto é o meu corpo" (Mc 14,22). Carecemos destas duas dádivas – o lugar e a refeição – para viver. São o "alimento e a morada" definitivos. Ambas nos são concedidas na Eucaristia.

Homilia
3 de junho de 2018

Meditação 51

Com este gesto, Jesus demonstra o seu poder; não de uma forma espetacular, mas como sinal da caridade, da generosidade de Deus Pai para com os seus filhos fatigados e desvalidos. Jesus está imerso na vida de seu povo, compreende o seu cansaço e suas limitações; entretanto, não permite que ninguém se perca ou desfaleça: nutre-os com sua palavra e dá-lhes alimento em abundância para o seu sustento.

Angelus
2 de agosto de 2020

Meditação 52

Fazei! A Eucaristia não é um simples ato de recordação; e sim um *fato*: a Páscoa do Senhor torna-se novamente presente para nós. Na missa, a morte e a ressurreição de Jesus desencadeiam-se diante de nós. *Fazei isto em memória de mim*: reúnam-se e celebrem a Eucaristia como uma comunidade, como um povo, como uma família, para que se recordem de mim. Não podemos prescindir da Eucaristia, pois é o memorial de Deus. E é a cura da nossa memória ferida.

Homilia
14 de junho de 2020

Meditação 53

Hoje é dia de nos perguntarmos: Será que eu, tantas vezes tendo sido alimentado pelo Corpo de Jesus, faço quaisquer esforços para aliviar a fome dos pobres? Não permaneçamos indiferentes. Não vivamos *uma fé unilateral,* uma fé que recebe, sem nada oferecer, uma fé que aceita a dádiva, mas não a retribui. Havendo recebido misericórdia, sejamos agora misericordiosos. Porque se o amor disser respeito apenas a nós, a fé torna-se árida, estéril e sentimental. Sem os outros, a fé torna-se desencarnada.

Homilia
11 de abril de 2021

Meditação 54

Jesus faz-se pão partido por nós; e, por sua vez, pede-nos que nos doemos uns aos outros, que vivamos não mais para nós mesmos e sim *uns para os outros*. É assim que vivemos "eucaristicamente", derramando sobre o mundo o amor que extraímos da carne do Senhor. A Eucaristia se traduz em vida quando *saímos de nós mesmos para ir ao encontro daqueles que nos rodeiam*.

Homilia
3 de junho de 2018

Meditação 55

Graças a Jesus e ao seu Espírito, também a nossa vida torna-se "pão partido" para os nossos irmãos e irmãs. E, vivendo assim, descobrimos a verdadeira alegria! A alegria de nos convertermos em dádiva para retribuir a grande dádiva que primeiro recebemos, sem sequer a termos merecido. Isto é lindo: a nossa vida faz-se dom! Isto é imitar Jesus.

Angelus
22 de junho de 2014

Meditação 56

Somos uma comunidade alimentada pelo Corpo e Sangue de Cristo. A comunhão com o corpo de Cristo é um sinal eficaz de unidade, comunhão e partilha. Não se pode participar da Eucaristia sem o comprometimento de viver a fraternidade, recíproca e sincera. Mas o Senhor bem sabe que não basta a nossa força de vontade humana. Pelo contrário, Ele sabe que entre os seus discípulos as tentações da rivalidade, da inveja, do preconceito, da divisão serão constantes. [...] Todos nós estamos cientes disso. Também por esta razão, Ele nos deixou o Sacramento da sua Presença real, concreta e permanente, para que, permanecendo unidos a Ele, possamos sempre receber o dom do amor fraterno. "Permanecei no meu amor" (Jo 15,9), disse Jesus; isto é possível graças à Eucaristia. Permanecer na amizade, no amor.

Angelus
14 de junho de 2020

Meditação 57

Cada vez que recebemos o Pão da Vida, Jesus confere um novo significado às nossas fragilidades. Ele lembra-nos que, aos seus olhos, somos mais preciosos do que pensamos. Diz-nos que se sente feliz quando compartilhamos com Ele as nossas fraquezas. Reitera que a sua misericórdia não teme as nossas misérias. A misericórdia de Jesus não teme as nossas misérias. E, acima de tudo, Ele cura-nos, amorosamente, daquelas fraquezas que não conseguimos superar sozinhos.

Angelus
6 de junho de 2021

Meditação 58

Quantas mães, quantos pais, junto com as fatias do pão cotidiano sobre a mesa de seus lares, não repartiram igualmente o próprio coração para que seus filhos crescessem, e crescessem bem! Quantos cristãos, como cidadãos responsáveis, repartiram a própria vida para defender a dignidade de todos, em especial dos mais pobres, dos marginalizados e discriminados! Onde encontraram eles forças para fazer tudo isso? Precisamente na Eucaristia: na força do amor do Senhor ressuscitado, que também hoje parte o pão para nós e reitera: "Fazei isto em memória de mim".

Homilia
26 de maio de 2016

Meditação 59

Jesus deixa-nos a Eucaristia como memória cotidiana e participação mais profunda da Igreja no acontecimento da sua Páscoa (cf. Lc 22,19). A alegria de evangelizar nasce sempre da lembrança grata: é uma graça pela qual precisamos implorar constantemente.

Evangelii Gaudium, 13

Meditação 60

O gesto de Jesus na Última Ceia é a extrema ação de graças ao Pai pelo seu amor, pela sua misericórdia. A palavra "eucaristia", de origem grega, significa "ação de graças". Esta é a razão de o sacramento chamar-se Eucaristia: a suprema ação de graças ao Pai, que nos amou tanto a ponto de nos entregar seu Filho por amor. Eis por que o termo "Eucaristia" sintetiza todo aquele gesto, que é de Deus e, ao mesmo tempo, do homem, o gesto de Jesus Cristo, verdadeiro Deus e verdadeiro homem.

Audiência geral
5 de fevereiro de 2014

Meditação 61

Devemos ter sempre em mente que a Eucaristia não é algo que nós realizamos; não é a nossa comemoração do que Jesus disse e fez. Não. É, precisamente, uma ação de Cristo! É Cristo quem age, quem está sobre o altar. É um dom de Cristo, que se torna presente e nos reúne à sua volta, para nos alimentar com a sua Palavra e a sua vida. Isto significa que a própria missão e identidade da Igreja derivam dali, da Eucaristia, e ali sempre adquirem sua forma.

Audiência geral
12 de fevereiro de 2014

Meditação 62

Repartamos o pão da nossa vida com compaixão e solidariedade, para que o mundo veja, através de nós, a grandeza do amor de Deus. Então o Senhor virá, e nos surpreenderá mais uma vez, tornando-se novamente alimento para a vida no mundo. E irá nos saciar sempre até o dia em que, no banquete celestial, contemplaremos a sua face e conheceremos a alegria que não tem fim.

Homilia
6 de junho de 2021

Meditação 63

A Eucaristia cura a *memória órfã*. Tantas e tantas pessoas guardam lembranças amargas, marcadas pela falta de afeto e decepções causadas por aqueles que deveriam ter-lhes dado amor e, no entanto, deixaram órfãos os seus corações. Gostaríamos de voltar atrás e mudar o passado, mas não podemos. Deus, porém, possui o poder de curar essas feridas inserindo na nossa memória um amor maior: o seu amor. A Eucaristia traz-nos o amor fiel do Pai, capaz de curar o nosso sentimento de orfandade. Dá-nos o amor de Jesus, que transformou um sepulcro de ponto de chegada a ponto de partida e que, da mesma maneira, pode transformar nossas vidas. A Eucaristia infunde-nos o amor consolador do Espírito Santo, que jamais nos deixa sozinhos e sempre cura as nossas feridas.

Homilia
14 de junho de 2020

Meditação 64

A presença viva de Jesus na Eucaristia é como uma porta, uma porta aberta entre o templo e o caminho, entre a fé e a história, entre a cidade de Deus e a cidade da humanidade.

Angelus
3 de junho de 2018

Meditação 65

Assim como fez com os discípulos de Emaús, na Eucaristia Jesus aproxima-se de nós, peregrinos na história, para alimentar em nós a fé, a esperança e a caridade; para nos confortar nas provações; sustentar-nos no compromisso com a justiça e a paz. Esta presença solidária do Filho de Deus está em toda parte: nas cidades e nos campos, no Norte e no Sul do mundo, nos países de tradição cristã e naqueles recém-evangelizados. Na Eucaristia, Jesus se oferece a si mesmo como força espiritual para nos ajudar a pôr em prática o seu mandamento – amar-nos uns aos outros como Ele nos amou – construindo comunidades acolhedoras e abertas às necessidades de todos, sobretudo dos mais frágeis, pobres e carentes.

Angelus
18 de junho de 2017

Meditação 66

Que a nossa oração sustente o compromisso comum para que a ninguém falte o Pão do céu que dá a vida eterna e o necessário para uma vida digna, e que se afirme a lógica da partilha e do amor.

Angelus
26 de julho de 2015

Meditação 67

Não se esqueça destas duas coisas: a medida do amor de Deus é o amor sem medida. E seguindo Jesus, nós, ao receber a Eucaristia, fazemos da nossa vida um dom.

Angelus
22 de junho de 2014

Meditação 68

O que significa *Pão da vida?* Precisamos de pão para viver. Quem tem fome não pede alimentos requintados e caros, pede pão. Quem está desempregado não pede salários altos, mas o "pão" do emprego. Jesus revela-se como pão, ou seja, como o essencial, o necessário para a vida cotidiana; sem Ele nada subsiste. Não *um* pão entre muitos outros, mas *o* pão da vida. Em síntese, sem Ele, em vez de viver, meramente sobrevivemos: pois apenas Ele alimenta nossa alma; apenas Ele nos perdoa daquele mal que sozinhos não conseguimos vencer; apenas Ele nos faz sentir amados, mesmo quando todos nos decepcionam; apenas Ele nos dá forças para amar; apenas Ele nos dá forças para perdoar em meio às dificuldades; apenas Ele infunde a paz que o nosso coração busca; e é Ele apenas quem concede a vida eterna, quando a vida aqui na terra se esvai. Jesus é o pão essencial da vida.

Angelus
8 de agosto de 2021

Meditação 69

A Eucaristia é o *Sacramento da unidade*. Quem a recebe não pode deixar de ser um artífice da unidade, pois construir a unidade torna-se parte de seu "DNA espiritual". Que este *Pão da unidade* cure a nossa ambição de nos impor sobre os outros, de acumular avidamente coisas para nós mesmos, de fomentar discórdias e disseminar críticas; mas que desperte em nós a alegria de viver no amor, sem rivalidades, inveja, ou intrigas mesquinhas.

Homilia
18 de junho de 2017

Meditação 70

O Senhor, oferecendo-se a nós na simplicidade do pão, convida-nos igualmente a não desperdiçarmos nossa vida perseguindo uma infinidade de ilusões das quais pensamos não poder prescindir, e que, no entanto, promovem um vazio interior. A Eucaristia satisfaz a nossa fome de coisas materiais e desperta em nós o desejo de servir. Leva-nos para além do nosso estilo de vida cômodo e indolente, lembrando-nos de que não somos apenas boca a ser saciada, mas também as mãos dele para ajudar a saciar a fome dos irmãos. É particularmente urgente que cuidemos dos famintos de comida e de dignidade, dos desempregados e dos que lutam para sobreviver. E devemos fazê-lo de forma concreta, tão concreta quanto o pão que Jesus nos dá. Uma proximidade genuína é necessária, assim como o são verdadeiros laços de solidariedade. Na Eucaristia, Jesus aproxima-se de nós: não nos afastemos daqueles que nos rodeiam!

Homilia
14 de junho de 2020

Meditação 71

Na Eucaristia, contemplamos e adoramos o Deus do amor. O Senhor que não fragmenta ninguém, mas se deixa fragmentar. O Senhor que não exige sacrifícios, mas sacrifica-se a si mesmo. O Senhor que nada pede, mas tudo oferece. Ao celebrar e viver a Eucaristia, também nós somos chamados a participar deste amor.

Homilia
6 de junho de 2021

Meditação 72

Todos podem participar de alguma forma da vida da Igreja; todos podem fazer parte da comunidade; as portas dos sacramentos tampouco devem ser fechadas por qualquer motivo. [...] A Eucaristia, embora seja a plenitude da vida sacramental, não é um prêmio para os perfeitos, mas um poderoso remédio e alimento para os fracos.

Exortação Apostólica *Evangelii Gaudium,* 47

Meditação 73

A Eucaristia é a nossa "reserva" para o banquete celestial; é o próprio Jesus que se faz alimento para nossa jornada rumo à vida eterna e à felicidade.

Homilia
3 de junho de 2018

Meditação 74

Com efeito, a Eucaristia é, por si mesma, um ato de amor cósmico: "Sim, cósmico!" Porque mesmo quando celebrada no humilde altar de uma igreja rural, a Eucaristia é, de certo modo, sempre celebrada sobre o altar do mundo". A Eucaristia une o céu e a terra; abraça e penetra toda a criação. O mundo, saído das mãos de Deus, volta a Ele em feliz e plena adoração: no Pão eucarístico, "a criação é projetada para a divinização, para a santa festa de casamento, para a unificação com o próprio Criador". Por isso a Eucaristia é também fonte de luz e motivação para as nossas preocupações com o meio ambiente, levando-nos a ser guardiões de toda a criação.

Encíclica *Laudato Si'*, 236

Meditação 75

Com efeito, na Eucaristia contemplamos Jesus, pão partido e oferecido, Sangue derramado pela nossa salvação. É uma presença que, como fogo, queima em nós as atitudes egoístas, purifica-nos da tendência de doar apenas quando recebemos e acende o desejo de nos fazermos, também nós em união com Cristo, pão partido e sangue derramado pelos nossos irmãos e irmãs.

Angelus
3 de junho de 2018

Meditação 76

Encontrar e acolher Jesus, "Pão da Vida", confere significado e esperança ao caminho muitas vezes tortuoso da vida. Este "Pão da Vida" nos é dado com uma tarefa, ou seja, para que possamos, por nossa vez, saciar a fome espiritual e material de nossos irmãos e irmãs, anunciando o Evangelho em todo o mundo.

Angelus
2 de agosto de 2015

Meditação 77

O Cristo que nos alimenta sob as espécies consagradas do pão e do vinho é o mesmo que vem ao nosso encontro nos acontecimentos diários; Ele está no pobre que estende a mão, no sofredor que implora ajuda, no irmão ou na irmã que solicitam a nossa disponibilidade e esperam o nosso acolhimento. Está na criança que nada sabe sobre Jesus ou sobre a salvação, que não tem a fé. Ele está em cada ser humano, mesmo no mais pequenino e indefeso.

Angelus
7 de junho de 2015

Meditação 78

Não se esqueça destas duas coisas: a medida do amor de Deus é o amor sem medida. E seguindo Jesus, nós, ao recebermos a Eucaristia, fazemos da nossa vida um dom.

Angelus
22 de junho de 2014

Meditação 79

Para nós, uma vaga lembrança da última ceia de nada nos serviria. Precisamos estar presentes naquela ceia, precisamos ouvir a sua voz, comer o seu Corpo e beber o seu Sangue. Nós precisamos dele. Na Eucaristia, e em todos os sacramentos, é-nos garantida a possibilidade de encontrar o Senhor Jesus e de sermos atingidos pela força de seu Mistério Pascal. O poder salvífico do sacrifício de Jesus, cada uma de suas palavras, cada um de seus gestos, olhares e sentimentos chegam até nós através da celebração dos sacramentos.

Carta Apostólica *Desiderio Desideravi,* 11

Meditação 80

A Eucaristia não é uma oração particular ou um belo exercício espiritual, não é uma simples comemoração do que Jesus realizou na Última Ceia. Para compreender plenamente, dizemos que a Eucaristia é "um memorial"; isto é, um gesto que torna real e presente o acontecimento da morte e ressurreição de Jesus: o pão é realmente o seu Corpo entregue por nós, o vinho é deveras o seu Sangue derramado por nós.

Angelus
16 de agosto de 2015

Meditação 81

Os sacramentos são uma forma privilegiada pela qual a natureza é assumida por Deus para tornar-se um meio de mediação da vida sobrenatural. [...] Para os cristãos, todas as criaturas do universo material encontram o seu verdadeiro sentido no Verbo encarnado, pois o Filho de Deus incorporou na sua pessoa parte do universo material, plantando nele uma semente de transformação definitiva.

Encíclica *Laudato Si'*, 235

Meditação 82

Nós, hoje, podemos nos perguntar: e eu? *Onde quero comer?* Em qual mesa desejo me alimentar? À mesa do Senhor? Ou sonho em comer alimentos saborosos, mas na escravidão? Além disso, podemos nos indagar: do que me lembro? Lembro-me do Senhor que me salva, ou do alho e cebolas da escravidão? Qual recordação sacia a minha alma?

Homilia
19 de junho de 2014

Meditação 83

"Fazei isto." Ou seja, tomai o pão, dai graças e parti-o; tomai o cálice, dai graças e distribuí-o. Jesus ordena que *se repita o gesto* com o qual instituiu o memorial da sua própria Páscoa, pelo qual nos deu o seu Corpo e o seu Sangue. Este gesto chega até nós hoje: é o "fazei" da Eucaristia que tem sempre Jesus como sujeito, mas a ação se concretiza através das nossas pobres mãos ungidas pelo Espírito Santo.

Homilia
26 de maio de 2016

Meditação 84

Não nos esqueçamos de que a Eucaristia destina-se a alimentar aqueles que se sentem cansados e famintos ao longo do caminho. Uma Igreja dos puros e perfeitos é uma sala onde não tem lugar para ninguém. Por outro lado, uma Igreja de portas abertas, que reúne e celebra em torno de Cristo, é uma sala espaçosa onde todos – todos, justos e pecadores – podem entrar.

Homilia
6 de junho de 2021

Meditação 85

A Eucaristia é também o grande sacramento que significa e realiza a *unidade* da Igreja. É celebrada "para que, de estranhos, dispersos e indiferentes uns aos outros, tornemo-nos unidos, iguais e amigos".

Exortação Apostólica *Querida Amazônia,* 91

Meditação 86

A Eucaristia, fonte de amor para a vida da Igreja, é escola de caridade e de solidariedade. Quem se alimenta do Pão de Cristo não pode permanecer indiferente diante daqueles que não têm o pão de cada dia.

Angelus
7 de junho de 2015

Meditação 87

Desta forma, a Eucaristia faz amadurecer o nosso estilo de vida cristã. A caridade de Cristo, acolhida com um coração aberto, muda-nos, transforma-nos, torna-nos capazes de amar não segundo a medida humana, sempre limitada, mas segundo a medida de Deus. E qual é a medida de Deus? Sem medida! A medida de Deus é sem medida. Tudo! Tudo! Tudo! É impossível medir o amor de Deus: é sem medida! E então nos tornamos capazes de amar mesmo aqueles que não nos amam: e isto não é fácil.

Angelus
22 de junho de 2014

Meditação 88

Qualquer ofensa ou ferida, ou violência cometida contra o corpo do nosso próximo é uma afronta a Deus, o Criador! Dirijo o meu pensamento, em particular, às crianças, às mulheres e aos idosos vítimas de abusos físicos. Na carne dessas pessoas encontramos o Corpo de Cristo. Cristo ferido, escarnecido, caluniado, humilhado, açoitado, crucificado. [...] Jesus nos ensinou o amor. Um amor que, na sua ressurreição, demonstrou ser mais forte do que o pecado e a morte e quer resgatar todos aqueles que experimentam no próprio corpo as escravidões do nosso tempo.

Regina Cœli
15 de abril de 2018

Meditação 89

Esta é a lógica da Eucaristia: recebemos Jesus que nos ama e cura as nossas fragilidades para que possamos amar os outros e ajudá-los nas suas fragilidades. E isto durante a nossa vida inteira.

Angelus
6 de junho de 2021

Meditação 90

Recorramos a Ele com fé: Jesus, defenda-nos da tentação dos alimentos mundanos que nos escravizam, dos alimentos contaminados; purifique a nossa memória, para que não fique aprisionada na seletividade egoísta e materialista, mas para que seja uma *memória viva da sua presença* ao longo da história do seu povo, uma memória que faça um "monumento" de seu gesto de amor redentor.

Homilia
19 de junho de 2014

Meditação 91

A Eucaristia encoraja-nos: mesmo no caminho mais acidentado, não estamos sozinhos; o Senhor não se esquece de nós e sempre que recorremos a Ele, Ele nos restaura com o seu amor.

Homilia
18 de junho de 2017

Meditação 92

O Senhor opera grandes coisas com a nossa pequenez, como fez com os cinco pães. Ele não realiza prodígios espetaculares, nem agita uma varinha mágica; Ele opera com coisas simples. A onipotência de Deus é humilde, constituída somente de amor. E o amor pode realizar grandes coisas com pouco. Assim nos ensina a Eucaristia, pois nela encontramos o próprio Deus contido num pedacinho de pão. Simples, essencial, pão partido e partilhado, a Eucaristia que recebemos permite-nos ver as coisas como Deus as vê. Isto nos inspira a nos doarmos uns aos outros. É o antídoto contra a mentalidade que diz: "Desculpe, mas não é problema meu", ou: "Não tenho tempo, não posso ajudar, não é da minha conta". É o antídoto contra o virar a cara para o outro lado [...]

Homilia
23 de junho de 2019

Meditação 93

Nós, que vamos à missa, podemos perguntar-nos: O que levamos ao mundo? As nossas tristezas e amarguras, ou a alegria do Senhor? Recebemos a Sagrada Comunhão e depois continuamos reclamando, criticando e sentindo pena de nós mesmos? Isto não melhora coisa alguma, ao passo que a alegria do Senhor pode mudar vidas.

Homilia
14 de junho de 2020

Meditação 94

Não podemos partir o pão no domingo se o nosso coração estiver fechado aos nossos irmãos. Não podemos comungar este pão se não dermos pão aos famintos.

Não podemos partilhar este pão se não partilharmos os sofrimentos de nossos irmãos necessitados. No fim de tudo, e também no final das nossas solenes liturgias eucarísticas, restará apenas o amor. Mesmo agora, as nossas celebrações eucarísticas transformam o mundo, na medida em que nos deixamos transformar e nos tornamos pão partido para os outros.

Homilia
6 de junho de 2021

Meditação 95

Na Eucaristia, Cristo está sempre renovando a entrega de si mesmo, feita na cruz.

Toda a sua vida é um ato de total partilha de si por amor; assim sendo, Ele gostava de estar com os seus discípulos e com as pessoas que tinha oportunidade de conhecer. Para Ele, isto significava compartilhar as suas aspirações, os seus problemas, o que inquietava suas almas e suas vidas. Pois bem, quando participamos da santa missa, encontramo-nos com homens e mulheres de todos os tipos: jovens, idosos, crianças; pobres e abastados; moradores locais e estranhos; pessoas com suas famílias e pessoas sozinhas. [...] Mas a Eucaristia que celebro leva-me a sentir como se todos fossem, verdadeiramente, meus irmãos e irmãs? Faz crescer em mim a capacidade de me alegrar com aqueles que se rejubilam e de chorar com os que choram? Impele-me a ir ao encontro dos pobres, dos doentes, dos marginalizados? Ajuda-me a reconhecer neles o rosto de Jesus?

Audiência geral
12 de fevereiro de 2014

Meditação 96

O que significa "comer a carne e beber o sangue" de Jesus? É apenas uma imagem, uma figura de linguagem, um símbolo, ou indica algo real? Para responder, é necessário intuir o que se passa no coração de Jesus ao partir o pão para alimentar a multidão faminta. Sabendo que irá morrer na cruz por nós, Jesus identifica-se com aquele pão partido e partilhado, o que se torna para Ele o "sinal" do sacrifício que o espera. Este processo culmina na Última Ceia, quando pão e vinho *se tornam verdadeiramente o seu Corpo e o seu Sangue.*

Angelus
16 de agosto de 2015

Meditação 97

Não se esqueça: Evangelho, Eucaristia, Oração. Graças a estas dádivas do Senhor, podemos conformar-nos não com o mundo, mas com Cristo, e segui-lo no seu caminho, o caminho de "perder a vida" para encontrá-la (Mt 16,25). "Perdê-la" no sentido de entregá-la, de oferecê-la por amor e no amor – o que leva ao sacrifício, e também à cruz – para então recebê-la de volta, libertada do egoísmo e da hipoteca da morte, novamente purificada, repleta de eternidade.

Angelus
31 de agosto de 2014

Meditação 98

Jesus está presente no Sacramento da Eucaristia para ser o nosso alimento, para ser assimilado e se tornar em nós aquela força renovadora que restaura a energia e restabelece o desejo de se pôr a caminho depois de cada pausa ou queda. Mas isto requer o nosso consentimento, a nossa disposição de nos permitirmos ser transformados, de mudarmos a nossa maneira de pensar e agir. Caso contrário, as celebrações eucarísticas de que participamos ficam reduzidas a ritos vazios e formais. Muitas vezes alguns vão à missa por obrigação, como se fosse um evento social, respeitoso, porém social. Entretanto o Mistério é algo diferente. É Jesus quem está presente e vem nos alimentar.

Angelus
14 de junho de 2020

Meditação 99

Jesus prepara para nós *uma refeição*, alimento para o nosso sustento. Na vida, precisamos ser constantemente alimentados: nutridos não só com alimentos, mas também com projetos e afetos, desejos e esperanças. Temos fome de ser amados. Todavia os elogios mais agradáveis, os melhores presentes e as tecnologias mais avançadas não são suficientes; nunca nos satisfazem completamente. A Eucaristia é um alimento simples, como o pão, mas é o único alimento que satisfaz, porque *não há amor maior.*

Homilia
3 de junho de 2018

Meditação 100

Uma celebração pode ser exteriormente perfeita, bela, mas, se não nos levar a um encontro com Jesus Cristo, é pouco provável que traga algum alimento ao nosso coração e à nossa vida. Através da Eucaristia, porém, Cristo deseja entrar na nossa existência e impregná-la com a sua graça, para que em cada comunidade cristã haja coerência entre liturgia e vida.

Audiência geral
12 de fevereiro de 2014

Conecte-se conosco:

- **f** facebook.com/editoravozes
- **◉** @editoravozes
- **𝕏** @editora_vozes
- **▶** youtube.com/editoravozes
- **☎** +55 24 2233-9033

www.vozes.com.br

Conheça nossas lojas:

www.livrariavozes.com.br

Belo Horizonte – Brasília – Campinas – Cuiabá – Curitiba
Fortaleza – Juiz de Fora – Petrópolis – Recife – São Paulo

EDITORA VOZES LTDA.
Rua Frei Luís, 100 – Centro – Cep 25689-900 – Petrópolis, RJ
Tel.: (24) 2233-9000 – E-mail: vendas@vozes.com.br